서바이벌 만화 자연상식

곤충세계에서
살아남기 1

서바이벌 | 만화 | 자연상식 13

곤충세계에서 살아남기 1

글·기획 코믹컴
그림 네모
채색 양석환, 허진
찍은날 2013년 9월 30일 개정판 1쇄
펴낸날 2023년 2월 10일 개정판 6쇄
펴낸이 홍재철
책임편집 최진선
디자인 박성영
마케팅 황기철·안소영
펴낸곳 루덴스미디어(주)
주소 경기도 고양시 일산동구 무궁화로 43-55, 604호(장항동. 성우사카르타워)
전화 031)912-4292 | **팩스** 031)912-4294
등록 번호 제 396-3210000251002008000001호
등록 일자 2008년 1월 2일

ⓒ코믹컴, 2013

ISBN 978-89-94110-61-5
ISBN 978-89-94110-48-6(세트)
사진 Shutterstock· Pollinator(사진제공:Wiki)

결함이 있는 책은 구입하신 곳에서 바꾸어 드립니다.
값은 뒤표지에 있습니다.

이 도서의 국립중앙도서관 출판시도서목록(CIP)은 e-CIP홈페이지
(http://www.nl.go.kr/ecip)에서 이용하실 수 있습니다. (CIP제어번호 : CIP2013019391)

서바이벌 | 만화 | 자연상식

곤충세계에서 살아남기 1

글 코믹컴 | 그림 네모

펴내는 글

지구의 주인은 누구일까요? 흔히 우리는 만물의 영장인 인간이 지구의 주인이라고 생각하지만 그건 착각에 불과합니다. 인간이 지구상에 처음 출현한 것은 불과 50만 년 전이지만 곤충은 이미 3억 5,000만 년 전, 고생대 이전에 등장했습니다. 곤충은 몇억 년 동안 지구에 살면서 어떤 곳이든 생활 가능한 곳으로 만들었고, 생존에 적합하도록 자신을 눈부시게 진화시켜 왔습니다.

현재까지 알려진 곤충의 종류는 약 80만 종으로 지구 동물 전체의 4분의 3을 차지합니다. 하지만 지금도 계속 새로운 곤충이 발견되고 있어 정확한 수는 아무도 모릅니다. 과학자들은 현재 지구상에 있는 모든 곤충의 수를 더하면 1,000경(경은 1조의 1만 배)에 이를 것이라고 추정하고 있습니다. 그러니 60억 조금 넘는 인간이 지구의 주인이라는 생각은 정말 착각일지도 모릅니다.

'만약 우리 몸이 2cm 정도로 작아져서 숲에 떨어진다면 어떤 일이 벌어질까?' 하는 작은 상상에서 『곤충 세계에서 살아남기』는 시작되었습니다. 몸이 작아진 주인공들이 숲에서 마주칠 상대는 바로 곤충입니다. 왜냐하면 숲에서는 크고 작은 수많은 곤충이 약육강식의 세계를 이루며 살아가고 있기 때문입니다. 크기가 작아지면 사람의 힘과 육체적인 능력은 몇십 배로 강해지지만, 몸집이 몇 배 크고 뛰어난 신체 구조를 가진 육식 곤충에게는 상대가 되지 못합니다. 항상 쫓길

수밖에 없지요. 과연 우리의 주인공들은 어떻게 곤충 세계에서 살아 나올 수 있을까요?

이 책을 작업하는 동안 곤충의 엄청난 수에 비해서 연구 성과가 턱없이 부족하다는 점에 놀랄 수밖에 없었습니다. 곤충의 얼굴을 자세하게 그리고 싶어도 사진 자료가 턱없이 부족했고, 그나마 찾은 것도 전체적인 모습만 있고 클로즈업된 얼굴 사진은 구하기가 너무 힘이 들었습니다. 또 하나 힘들었던 것은 애써 자료를 찾아도 서로 내용이 다른 경우가 너무 많았던 것입니다.
이 책을 읽은 여러분이 곤충에 대한 호기심을 많이 가져 앞으로 곤충에 대한 연구가 더 발전할 수 있기를 기대합니다.

2013년 10월, 작가들을 대표해서
코믹컴

차례

1장 머나먼 시골집　10

2장 쇠똥을 굴리는 곤충　22

3장 빛의 습격　32

4장 작아진 몸　42

5장 추락 사고　56

6장 여치의 공격　72

7장 사랑의 빛　86

8장 무시무시한 힘　100

9장 맛있는 분비물 112

10장 왕개미 떼의 공격 126

11장 산딸기 발견 140

12장 거미줄에 걸리다 150

13장 새총의 달인 160

14장 함정에 빠지다 174

15장 공포의 개미귀신 182

16장 목숨을 건 사투 196

등장인물

"으아악, 이건 틀림없이 꿈이야!"

주노

마리와 함께 곤충 채집을 하기 위해 시골로 왔다가 이상한 빛을 쬐고는 마리, 누리와 함께 손톱만큼 작아진다. 졸지에 거대한 곤충들로부터 목숨을 지켜야 하는 상황에 빠졌는데도 낙천적이다 못해 단순한 주노는 상황 판단을 못 해 짝사랑하는 마리에게 계속 구박만 받는다. 마리의 구박마저도 애정 표현이라고 믿는 못 말리는 소년이다.

서바이벌 무기   나뭇가지로 만든 긴 창.

장점   매사에 긍정적이어서 어떤 위기가 닥쳐도 겁을 먹거나 뒤로 물러서지 않음.

단점   배가 고프면 이성을 잃음.

"마치 야생의 정글 한가운데 떨어진 것 같아."

마리

주노와 함께 방학 숙제를 위해 시골에 왔다가 곤충들과 사투를 벌여야 하는 생각지도 못한 위기에 봉착했다. 다급한 상황에서도 침착하게 전후 사정을 파악해서 돌파구를 마련한다. 시도 때도 없이 애정 공세를 퍼붓는 주노가 마리의 유일한 고민이다.

서바이벌 무기   풍부한 지식이 탑재된 두뇌.

장점   어느 때에도 침착하게 상황을 파악하는 현명함. 입만 열면 쏟아지는 백과사전을 방불케 하는 과학 상식.

단점   유난히 약한 체력.

"내 안에 이런 무시무시한 힘이 숨겨져 있을 줄이야!"

누리

시골 토박이로 어쩌다가 주노, 마리와 얽혀서 목숨을 건 모험을 하게 된 소년. 시골에서 태어나 자란 덕에 지리에 누구보다 밝아, 팀의 길잡이 역할을 하고 있다. 마리에게는 더없이 친절하지만 주노에게는 원인 불명의 경쟁심을 불태우는 중.

서바이벌 무기 백발백중을 자랑하는 새총 솜씨.

장점 주노와 쌍벽을 이루는 체력과 추진력.

단점 뜬금없이 나오는 허풍.

할아버지, 할머니

마리의 조부모님으로 갑자기 사라진 아이들을 애타게 찾고 있다.

머나먼 시골집

자극을 따라 이동하는 동물의 반응, 주성

동물이 외부의 자극에 반응해서 자극원에 대하여 이동하는 것을 '주성(走性)'이라고 합니다. 이때 그 자극이 있는 방향으로 이동하는 것을 '양성 주성'이라고 하고, 그 반대 방향으로 이동하는 것을 '음성 주성'이라고 합니다. 주성은 외부의 자극에 대해 무의식적으로 행동하는 것입니다. 주성은 외부 자극원이 어떤 것이냐에 따라 주광성(빛), 주지성(중력), 주화성(화학 물질), 주류성(물의 흐름), 주습성(습도), 주열성(온도), 주촉성(접촉), 주전성(전류) 등 그 종류가 매우 다양합니다.

빛에 대한 반응, 주광성

주광성(走光性)은 광주성(光走性) 또는 추광성(趨光性)이라고도 불립니다. 빛으로 향하는 성질을 양성 주광성, 반대의 성질을 음성 주광성이라고 합니다. 양성 주광성을 가지고 있는 동물로는 나방, 오징어, 유글레나, 짚신벌레 등이 있고, 음성 주광성을 가진 동물로는 바퀴벌레와 지렁이가 대표적입니다.

빛으로 모여드는 곤충들 곤충들이 밤에 전등으로 달려드는 것은 빛에 대한 양성 주성이 있기 때문이다.

자극에 대한 식물의 움직임, 굴성

식물체의 일부가 자극원에 대하여 일정한 방향으로 굽어 꺾어지는 운동을 '굴성(屈性)' 또는 '향성(向性)'이라고 합니다. 굴성은 식물의 일부에 외부 자극이 주어질 때, 생장을 조절하는 물질인 생장소가 자극이 없는 부분과 불균등하게 분포되고, 이로 인해 생장 속도가 달라지면서 생기는 현상입니다. 외부의 자극에 대해 반응하는 점은 주성과 같지만, 굴성은 호르몬 작용 때문에 식물체 일부에서 나타난다는 점에서 차이가 있습니다. 굴성은 자극의 종류 때문에 매우 다양하지만, 빛의 자극에 의해 일어나는 굴광성과 중력에 의해서 나타나는 굴지성이 가장 대표적입니다.

빛에 대한 움직임, 굴광성

빛의 자극이 원인이 되어 일어나는 식물의 굴성입니다. 주성과 마찬가지로 빛의 방향으로 굴곡 운동이 일어나는 것을 양성 굴광성, 반대 방향으로 굴곡 운동이 일어나면 음성 굴광성이라고 합니다. 식물의 줄기와 잎은 빛을 향해 굽어 자라는 양성 굴광성을, 뿌리는 빛의 반대 방향으로 굽어 자라는 음성 굴광성을 나타냅니다.

태양을 향해 자라는 해바라기 해바라기는 빛이 있는 방향으로 굽어 자라는 굴광성을 나타낸다.

중력에 대한 움직임, 굴지성

중력에 반응하여 움직이는 식물의 굴성을 굴지성(屈地性) 또는 굴중성(屈重性)이라고도 합니다. 식물의 기본 축인 뿌리와 줄기는 중력 방향으로 자라는데, 지구의 중심을 향하여 자라는 뿌리는 양성 굴지성, 지구의 중심에서 멀어지는 방향으로 자라는 줄기는 음성 굴지성을 나타냅니다.

농약 사용으로 완전히 멸종된 줄 알았는데.

이 귀한 걸 여기서 보게 되다니~.

도록 도록

그럼 이거 비싼 거야?

아마 너보다 비쌀 거야.

오호호~ 으흐흐~

배 끝부분에 있는 산란관을 쇠똥 경단에 깊숙이 박고 알을 낳지. 요렇게~.

쇠똥구리는 소나 말, 양 등의 배설물을 둥글게 다진 후 굴려서 구슬을 만들어. 이걸 구덩이를 파고 넣은 후 암수가 짝짓기해서 암컷이 경단 가운데에 알을 하나 낳아.

흠흠. 좀 심했나?

그럼, 내가 벌레만도 못하단 말야?

아귀 아귀

알에서 깬 애벌레는 왕성하게 배설물을 먹어 치우며 자라지.

주로 쇠똥을 굴린다고 해서 쇠똥구리라는 이름이 붙여졌대.

영~차! 영~차!

데굴— 데굴—

예전에는 무척 흔했지만 농약 사용으로 인해 멸종했다고 알려졌는데,

얼마 전 전남 장흥 한우 농장에서 집단으로 발견됐어.

쇠똥을 먹고 사는 쇠똥구리

똥으로 만든 경단에서 자라는
쇠똥구리 애벌레

쇠똥은 쇠똥구리의 소중한 양식이자 아기 쇠똥구리가 태어날 보금자리입니다. 쇠똥구리는 쇠똥에 머리를 박고 동그란 모양의 쇠똥 경단을 만든 다음, 물구나무선 자세로 뒷다리를 이용해 경단을 제 굴로 굴리며 갑니다. 쇠똥 경단을 굴속에 묻어 두고 알을 낳기 위해서입니다. 뿔쇠똥구리는 똥 무더기 밑에 직접 굴을 파고, 이 안에서 6~7개 정도의 경단을 만듭니다. 경단을 다 만든 어미 쇠똥구리는 경단에 작은 구멍을 뚫어 놓습니다. 그리고 쇠똥 경단 하나에 딱 한 개씩 알을 낳고는 구멍을 감쪽같이 메워 버립니다. 경단에서 태어난 애벌레는 경단 안의 촉촉한 쇠똥을 먹고 무럭무럭 자랍니다. 쇠똥을 다 먹어 치울 무렵이면, 경단 속은 애벌레가 싸 놓은 똥으로 꽉 차게 됩니다. 경단에서 허물을 세 번 벗고 번데기가 된 쇠똥구리는 40일 정도가 지나면 어른벌레가 됩니다.

똥을 굴리는 쇠똥구리 쇠똥구리는 쇠똥을 비롯한 동물들의 배설물을 처리해 토양을 기름지게 하는 환경 파수꾼 노릇을 한다.

빛의 습격

장담하건대, 발견하면 내 손에 장을 지진다.

내 경험상 이 근처 풀밭에 곤충이 가장 많이 살아.

뭐야 이거. 마치 기다렸다는 듯이 매미가 한꺼번에 우냐!

인간과 곤충이 함께 편먹고 날 왕따 시키는 것 같아.

어머

한두 마리가 아니야. 누리 말 듣기를 잘했어!

마리야~, 내 편도 좀 들어주라.

곤충과 벌레의 차이

벌레는 곤충을 비롯하여 기생충과 같은 하등 동물까지 통틀어 이르는 말입니다. 파리, 나비, 벌, 매미, 풍뎅이 등은 곤충이라고 하고 거미, 지렁이, 지네처럼 기어 다니는 것은 곤충이 아니라 벌레라고 합니다. 곤충으로 구분되려면 지구에 있는 80만 종의 곤충이 공통으로 지니고 있는 다음의 특징을 가지고 있어야 합니다.

곤충 몸의 특징

- 척추가 없는 무척추동물이다.
- 크기가 다른 여러 개의 몸마디로 이루어져 있다(절지동물문).
- 몸의 바깥쪽에는 겉껍질이라 부르는 단단한 겉뼈대가 있다.
- 몸은 크게 머리, 가슴, 배의 세 부분으로 이루어져 있다.
- 머리에는 한 쌍의 더듬이와 한 쌍의 겹눈이 있다.
- 가슴에는 대부분 세 쌍의 다리와 두 쌍의 날개가 있다.

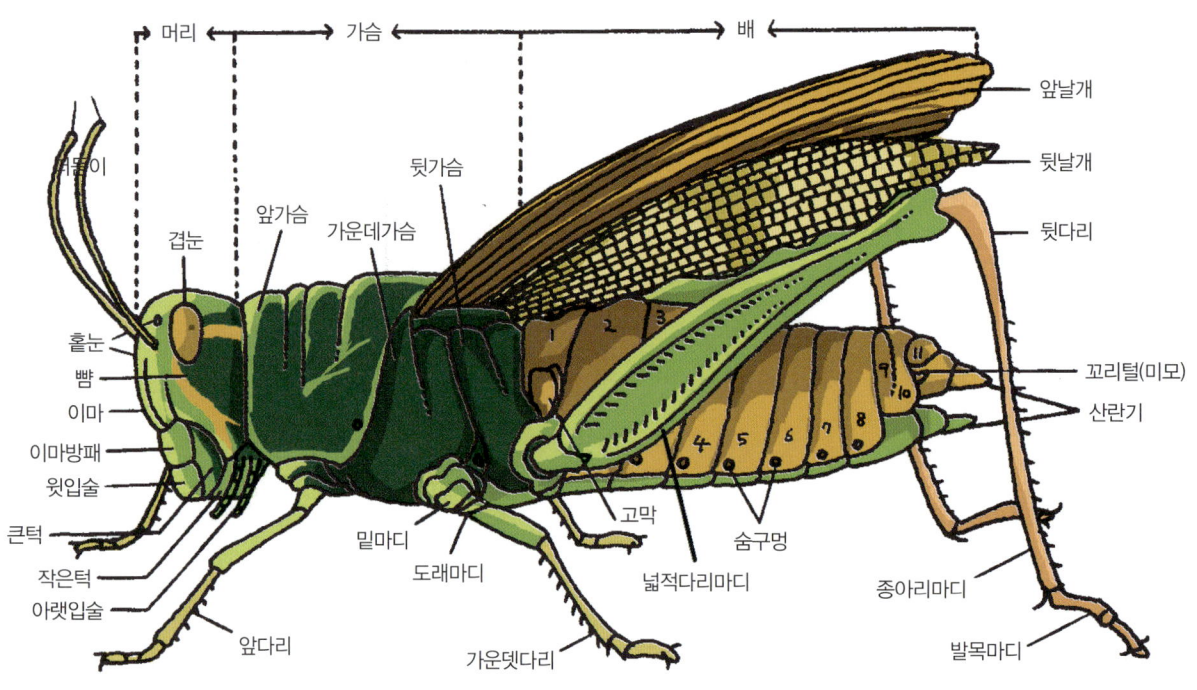

곤충의 몸 구조

곤충의 머리

곤충의 머리는 일반적으로 한 개의 윗입술, 한 쌍의 아랫입술, 한 쌍의 큰턱, 한 쌍의 작은턱, 한 쌍의 더듬이, 한 쌍의 겹눈과 세 개의 홑눈, 한 개의 입으로 구분할 수 있습니다. 곤충의 머리 모양은 종에 따라 다르지만 초식형은 메뚜기처럼 이마가 앞을 향하고 있는 네모형이고, 육식형은

사마귀의 역삼각형 머리

사마귀처럼 이마가 위쪽을 향하는 세모형입니다. 곤충은 보통 겹눈 한 쌍과 홑눈 세 개를 가지는데, 수많은 낱눈으로 이루어진 겹눈은 물체의 모습을 감지하고, 홑눈은 명암을 구별하는 데 쓰입니다. 더듬이는 한 쌍으로 이루어져 있고 보통 겹눈 사이에 위치합니다.

곤충의 가슴

곤충의 가슴은 앞가슴, 가운데가슴, 뒷가슴으로 구분되는데 각 가슴마디는 네 개의 판으로 이루어져 있습니다. 등에 있는 것을 등판, 아래쪽에 있는 것을 배판, 양쪽 옆에 있는 것을 옆구리판이라 부릅니다. 각 가슴마디에는 한 쌍의 다리가 있고, 통상적으로 가운데가슴과 뒷가슴의 등판에 각각 한 쌍의 날개가 있습니다. 곤충은 세 쌍의 다리를 가지는데 머리 쪽에서부터 앞다리, 가운뎃다리, 뒷다리입니다.

곤충의 배

곤충의 배는 보통 10~11개의 마디로 구성되어 있습니다. 그중 한두 개 마디는 생식기로 변화되었고, 8~9개 마디만 뚜렷하게 볼 수 있습니다. 곤충의 배에는 각종 기관뿐만 아니라 호흡 기관이 있습니다. 곤충의 배를 형성하고 있는 각 마디에는 각각 한 쌍의 숨구멍이 있으며, 이 숨구멍을 통해 공기를 흡수하여 가늘게 퍼져 있는 기관과 세포에서 가스 교환을 한 뒤 다시 배출됩니다.

귀화 식물이란?

귀화 식물은 본래 나던 곳에서 다른 곳으로 옮겨져 스스로 번식하는 식물로 일단 뿌리를 내리면 잡초처럼 무성하게 자라나 주위로 번져 갑니다. 귀화 식물은 번식력이 강해서 건조하고 척박한 곳에서도 잘 자랍니다. 현재 우리나라의 귀화 식물은 대략 281종으로 추산되며 돼지풀, 망초, 토끼풀, 달맞이꽃, 코스모스, 자운영, 애기땅빈대, 서양민들레 등이 대표적입니다. 우리나라 전체 식물에서 귀화 식물이 차지하는 비율은 약 5% 정도이며 주위에서 흔히 볼 수 있습니다.

토종 식물과 토양을 죽이는 귀화 식물

식물은 자신의 몸을 지키기 위해 해로운 미생물이나 경쟁 식물을 괴롭히는 천연 제초제를 만드는데, 이것을 '타감작용'이라고 합니다. 천연 제초제는 잎에서 만들어진 뒤 비와 함께 주변의 흙에 스며들어, 토양을 산성화시키고 미생물을 죽여서 땅을 척박하게 만듭니다. 귀화 식물은 토종 식물보다 제초제 성분이 훨씬 더 강력하거나 양이 많아서 피해가 매우 큽니다.

돼지풀 돼지풀의 꽃가루는 사람에게 알레르기, 비염, 천식 등을 일으킨다.

우리의 자연을 위협하는 외래 동식물

환경부는 우리의 생태계 보존을 위해 '해로운 외래 동식물 10종'을 지정해서 집중적으로 관리하고 있습니다. 식물로는 돼지풀, 단풍잎돼지풀, 서양등골나무, 털물참새피, 물참새피, 도깨비가지의 6종, 동물로는 황소개구리, 블루길, 큰입배스, 붉은귀거북의 4종이 있습니다.

황소개구리 곤충은 물론 물고기, 토종 개구리, 참게, 심지어 뱀까지 잡아먹는 생태계의 무법자이다.

큰입배스(큰입우럭) 입이 크기 때문에 붙은 이름으로 수명은 10~15년 정도이다. 포악한 성격으로 성체는 메기, 연어 등 다른 어종을 해쳐서 민물의 상어라고 불린다.

블루길(파랑볼우럭) 잡식 어종으로 규조류, 녹조류, 물속 곤충, 물고기 등 움직이는 생물을 잡아먹으며 담수 생태계를 파괴한다.

붉은귀거북(청거북) 붕어, 미꾸라지, 피라미, 개구리 등을 닥치는 대로 잡아먹는다. 천적도 없고 수명도 20년이 넘는다.

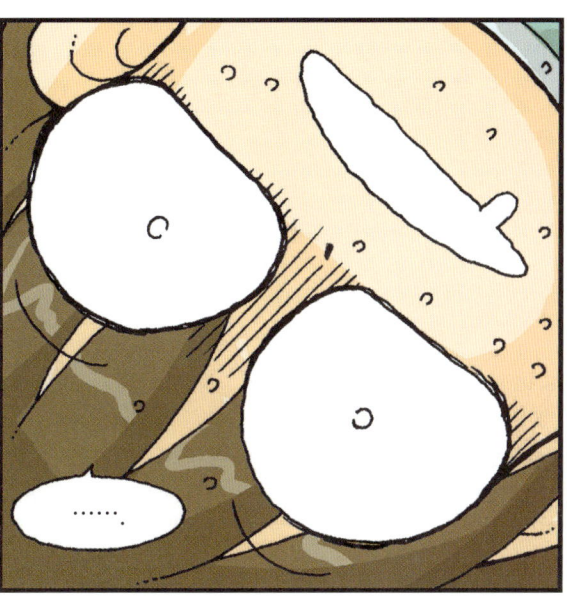

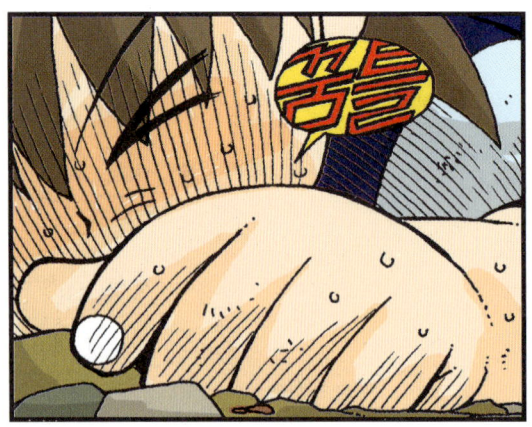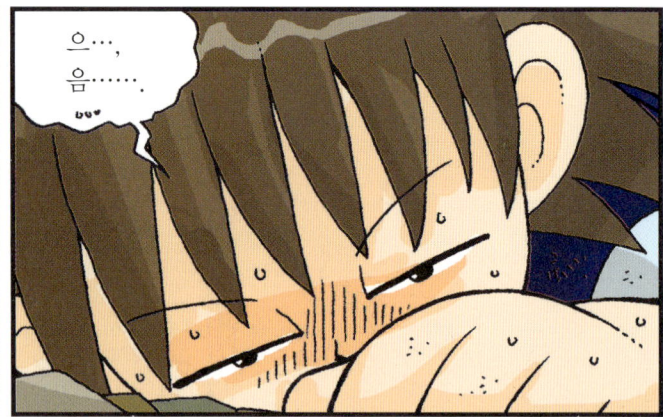

씨이익 쎄이이익~

저기다!

!

!

잠깐! 기다려 봐.

애걔~, 겨우 메뚜기잖아.

놀라게 한 벌로 혼 좀 내 줄까?

기다리긴 뭘 기다려!

풀이나 뜯어 먹는 초식 곤충쯤 이거 하나면 충분해!

저렇게 컸었나?

저건……, 메뚜기가 아니야.

뭐? 그럼 뭐야?

여치야!

여치는 작은 곤충뿐만 아니라 같은 여치들끼리도 서로 잡아먹는 난폭한 육식 곤충이래.

유…, 육식 곤충! 게다가 동족까지?

갈릴레이의 '낙하 법칙'

갈릴레오 갈릴레이(Galileo Galilei)
이탈리아의 천문학자이자 물리학자.

몇십 층의 높이에서 무거운 물체와 가벼운 물체를 동시에 떨어뜨리면 무거운 물체가 먼저 떨어집니다. 왜냐하면, 가벼운 물체가 공기의 저항을 더 많이 받기 때문입니다. 하지만 진공 상태의 우주처럼 공기가 전혀 없는 장소에서 물체는 물체의 무게 또는 질량과 관계없이 동시에 떨어집니다. 갈릴레이(1564~1642년)는 정지 상태에 있던 물체를 떨어뜨리면 속도가 점차 빨라진다는 사실에서 가속도의 개념을 도입했습니다. 이때 떨어지는 물체는 다른 힘이 작용하지 않는 한 '등가속도 운동'을 합니다. 즉, 같은 장소에서 중력에 의한 낙하 가속도(중력 가속도: $g=9.8m/s^2$)는 모든 물체에 대하여 같다는 것입니다. 이것이 바로 갈릴레이의 '낙하 법칙' 입니다. 하지만 낙하하는 물체는 일정한 속도에 도달하면 더는 빨라지지 않습니다. 예를 들면, 63시티에서 떨어지는 것과 10층 빌딩에서 떨어지는 것의 속도가 같을 수도 있습니다. 왜냐하면, 중력 가속도에 의해서 속도가 증가할수록 공기에 의한 저항도 커지므로 공기의 저항과 중력이 같아지는 지점에서 속도의 증가가 멈추기 때문입니다.

질량과 무게

질량은 물체가 가지고 있는 고유의 양으로 장소에 따라 변하지 않으며, 단위는 kg, g 등을 사용합니다. 예를 들어 벽돌 한 장에 5kg, 설탕 한 스푼에 4g 등은 그 물체의 질량에 해당합니다. 반면에 무게는 지구가 물체를 잡아당기는 힘의 크기, 즉 중력의 크기를 뜻합니다. 그런데 장소에 따라서 중력의 크기는 달라지므로 무게 값은 장소에 따라 변합니다. 달의 중력은 지구의 6분의 1이므로 달에서 물체의 무게는 지구에서의 6분의 1로 줄어듭니다. 무게의 단위는 N(뉴턴), kgf(킬로그램힘)을 사용합니다.

여치의 공격

설마 도망을?

헉! 뛰었다!

꺄악!

저…, 저놈 우릴 쫓고 있어!

곤충의 감각 기관, 더듬이!

여치의 실 모양 더듬이

곤충의 겹눈과 겹눈 사이에 있는 더듬이는 사람으로 치면 눈, 코, 입의 역할을 모두 수행하는 종합 감각 기관이라고 할 수 있습니다. 더듬이에는 작은 구멍과 털이 있는데 그것을 통해 물체의 움직임, 냄새, 방해물의 탐지, 먹이의 맛 등을 알아냅니다. 그뿐만 아니라 온도, 촉감, 습도까지 감지합니다. 더듬이는 눈에 보이지 않는 파동 신호를 감지한다는 점에서 안테나(antenna)에 비유되기도 합니다. 더듬이의 종류는 매우 다양한데 보통 수컷이 더 길며, 시력이 나쁠수록 더듬이가 길고 발달했습니다. 또 밤에 활동하는 야행성 곤충이 주행성 곤충보다 더듬이가 잘 발달했습니다.

다양한 더듬이

종에 따라 형태가 매우 다양한데 채찍 모양, 염주 모양, 빗살 모양, 실 모양, 곤봉 모양, 톱날 모양 등이 대표적입니다. 암수에 따라 모양이 다른 경우도 있습니다.

잠자리의 채찍 모양 더듬이

하늘소의 염주 모양 더듬이

나방의 빗살 모양 더듬이

풀숲의 멀리뛰기 선수들, 메뚜기목

메뚜기목 곤충의 가장 큰 특징은 튼튼한 뒷다리를 가져 도약력이 좋다는 것입니다. 어떤 메뚜기와 귀뚜라미는 최대 2.3~2.6m의 놀라운 도약력을 자랑하기도 합니다. 메뚜기목의 곤충들이 연속해서 도약할 수 있는 것은 뒷다리에 '레슬린'이라고 불리는 단백질이 있기 때문인데, 이것은 돌아오는 탄성 에너지의 약 97%를 이용할 수 있게 한다고 합니다. 메뚜기목 곤충의 더듬이는 가늘고 길며, 여름과 가을에 울음소리를 내고, 몸의 빛깔은 서식 환경에 따라 보호색을 띕니다. 종류로는 메뚜기 무리, 여치 무리, 귀뚜라미 무리, 땅강아지 무리 등이 있습니다.

귀뚜라미 귀뚜라미가 밤에 우는 것은 암컷을 찾기 위한 구애 행위이다.

땅강아지 땅개, 땅개비라고도 불리며 땅굴을 파고 생활한다.

메뚜기 메뚜기의 뒷다리 중 넓적다리 마디는 굵고 종아리 마디는 가늘어서 뛰기에 알맞다.

사랑의 빛

반딧불이의 빛

흔히 개똥벌레라고 부르는 반딧불이는 딱정벌레목 반딧불이과에 속하는 곤충입니다. 우리나라의 반딧불이 중 대표적인 것이 애반딧불이인데, 애벌레는 맑은 물속에서 다슬기나 물달팽이 등을 잡아먹고 살다가 4월이면 땅 위로 올라와 번데기가 됩니다. 그리고 5월 하순에서 6월 초쯤 어른벌레가 되어 빛을 내며 밤하늘을 날아다닙니다. 반딧불이가 빛을 내는 것은 짝을 찾기 위해서입니다. 맑은 날보다는 습하고 흐린 날 밤에 더 활발하게 움직이며 보통 2초에 한 번 정도 깜빡이는데, 수컷의 빛이 강하고 자주 반짝일수록 암컷의 호감을 사게 됩니다. 암컷은 수풀 속에서 마음에 드는 수컷을 발견하면 깜박이는 신호를 보내 사랑을 나눕니다. 그런데 반딧불이가 사랑의 빛을 낼 수 있는 기간은 일생(1년)에 고작 15일 정도에 불과합니다. 반딧불이는 알과 애벌레 시기에도 빛을 냅니다. 알은 알 전체에 있는 발광 물질로 빛을 내고, 애벌레·번데기·어른벌레는 배 마디 끝 부분에 발광 기관을 가지고 있습니다.

밤에 일제히 빛을 내는 반딧불이 무리

반딧불이는 어떻게 빛을 낼까?

반딧불이의 배 쪽 끝에서 두세 마디가 빛을 내는 발광 기관으로, 이곳의 세포들이 루시페린(발광 물질)과 루시페라아제(발광 효소)를 만들어 냅니다. 여기에 산소가 공급되면 아데노신삼인산(ATP : adenosine triphosphate)이라는 화학 물질이 생기는데, 아데노신삼인산과 루시페라아제가 결합하면 빛을 발하게 됩니다. 그런데 반딧불이가 내는 빛은 마찰열이 아닌 냉광이기 때문에 뜨겁지 않고 서늘한 느낌을 줍니다. 보통의 전구가 에너지의 10%만을 빛으로 바꾸고 나머지는 열로 발산하는 것에 비해, 반딧불이의 '화학 전구'는 차가운 고효율의 빛으로 효율이 100%에 가깝습니다.

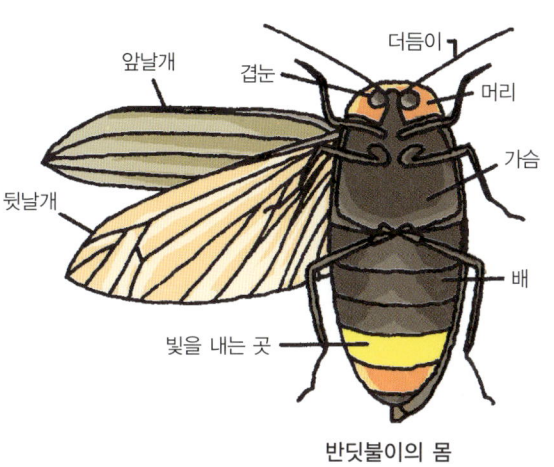

반딧불이의 몸

루시페린(발광 물질) + 루시페라아제(발광 효소)
└─────── 산소 공급 ───────→ 아데노신삼인산
아데노신삼인산 + 루시페라아제 ───────────────→ 빛 발생!

빛이 나는 바닷속 물고기

깊은 바닷속에도 반딧불이처럼 발광 기관을 가지며 스스로 빛을 내는 생물들이 있습니다. 오징어류, 새우류, 철갑둥어, 반딧물게르치, 주둥치류, 샛비늘치류, 금눈돔류, 동갈돔류, 심해 상어류 등이 그들입니다. 그렇다면 이들이 빛을 내는 이유는 무엇일까요? 깊은 바다에는 먹이 생물이 부족하고, 수압이 높아서 물고기들의 에너지가 더 많이 소모됩니다. 그래서 깊은 바닷속의 물고기들은 빛을 내어 먹이를 유인함으로써 에너지 소모를 줄입니다. 또 적을 놀라게 해 위기를 모면하거나, 반딧불이처럼 짝짓기를 위한 수단으로 빛을 내는 경우도 있습니다.

나침반 없이 방향 찾기

나침반이 없을 때 방향을 확인하는 방법에는 자연물을 이용하는 방법과 인공물을 이용하는 방법이 있습니다. 방향 측정에 이용할 수 있는 자연물로는 태양, 별, 달, 나무, 이끼 등이 있고 인공물로는 가옥(남향), 묘(묘의 머리가 북쪽) 등이 있습니다.

정오에 태양을 등지고 그림자 관찰하기

팔을 어깨높이로 벌린 채 그림자를 바라보았을 때, 그림자의 머리는 북쪽, 등(태양 쪽)은 남쪽, 오른팔은 동쪽, 왼팔은 서쪽을 가리킵니다. 단, 이 방법은 태양의 고도가 가장 높은 정오에만 사용할 수 있습니다.

막대 그림자 이용하기

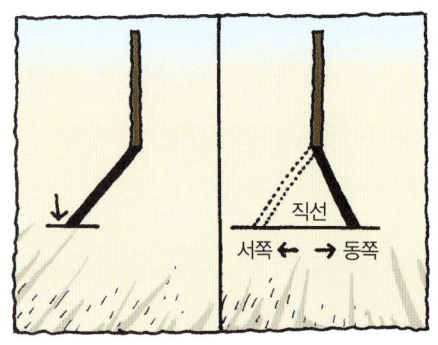

편평한 곳에 막대를 곧게 세우고 그림자 끝 부분에 표시를 한 다음, 그림자 끝이 5~10cm 정도 움직일 때까지 기다립니다. 움직인 그림자 끝을 표시한 다음 두 점을 직선으로 연결하면, 그림자가 처음 시작했던 쪽이 서쪽이고 나중에 표시한 쪽이 동쪽입니다.

달을 이용해서 방향 찾기

달의 모양과 시간을 보고 방향을 찾을 수 있습니다. 초승달은 새벽 6시쯤에는 동쪽 하늘에, 저녁 6시쯤에는 서쪽 하늘에 있습니다. 반대로 보름달은 저녁 6시쯤에 동쪽에서 떠서 새벽 6시쯤 서쪽으로 집니다. 상현달은 밤 9시쯤 서쪽 하늘에 떠 있고, 하현달은 새벽 3시쯤에는 남쪽 하늘에서, 밤 9시쯤에는 동쪽 하늘에서 볼 수 있습니다.

계속 줄어들려는 힘, 표면 장력

모든 액체의 표면은 힘껏 잡아당긴 고무줄처럼 팽팽한 상태이며 액체의 표면은 최소한의 면적으로 줄어들려는 힘을 가지는데, 이 힘을 '표면 장력(表面張力)'이라고 합니다. 액체의 안쪽에 있는 분자를 둘레에 있는 분자가 사방에서 똑같은 힘으로 끌어당깁니다. 따라서 액체 속에서는 모든 힘이 균형을 이루어 어떠한 변화도 생기지 않습니다. 그런데 액체의 표면 쪽 분자는 바깥으로 끌어당기는 분자가 없으므로 안쪽의 분자에 의해서만 끌어당겨져 언제나 안쪽을 향하는 힘을 받게 되는 것입니다. 우리가 생활 속에서 표면 장력 현상을 볼 수 있는 예는 다음과 같습니다.

- **비눗방울과 수도꼭지의 물방울** 비눗방울의 안과 밖은 모두 공기와 맞닿아 있는데, 분자들은 공기와 닿는 표면적을 최소화하기 위해 둥근 구형(球形)이 됩니다. 수도꼭지에 맺히는 물방울이 둥근 이유도 체적(부피)에 대해서 가장 표면적이 작은 형태가 구형이기 때문입니다. 그리고 이때 작용하는 힘이 표면 장력입니다.

- **컵 위에 가득 부은 물** 컵에 물을 넘치도록 따라 부었을 때 옆에서 보면 물이 소복하게 솟아 있는데도 넘쳐흐르지 않는 것을 볼 수 있습니다. 이것은 물의 표면에 표면 장력이 작용해서 물을 안쪽으로 끌어당기고 있기 때문입니다.

- **물 위에 떨어뜨린 기름방울** 수면에 떨어뜨린 기름방울이 금방 퍼지는 것은 물의 표면 장력이 기름의 표면 장력보다 크고, 기름층이 물의 표면 장력에 의해 잡아당겨지기 때문입니다.

기름의 표면 장력 물에 기름을 떨어뜨렸을 때 기름방울이 퍼지는 것은 기름이 물보다 표면 장력이 약하기 때문이다.

맛있는 분비물

이제 굶을 걱정 끝!

큰일이다.
쟤를 내 친구로 삼으면
안 될 것 같아.

내 안에 이런
무시무시한 힘이 숨겨져
있을 줄이야!

……

삐질
삐질
두두두두두
워어어~

아마도 덩치가 작아지면서
면적과 체중의 비율이 바뀌어서
생긴 변화 같아.

그게
무슨 소리야?

개미는 자기보다
훨씬 더
큰 짐도
쉽게 지고
가잖아.
그 이유가
뭔지 알아?

산삼을 먹은 게 아닐까?

단체로
많이……

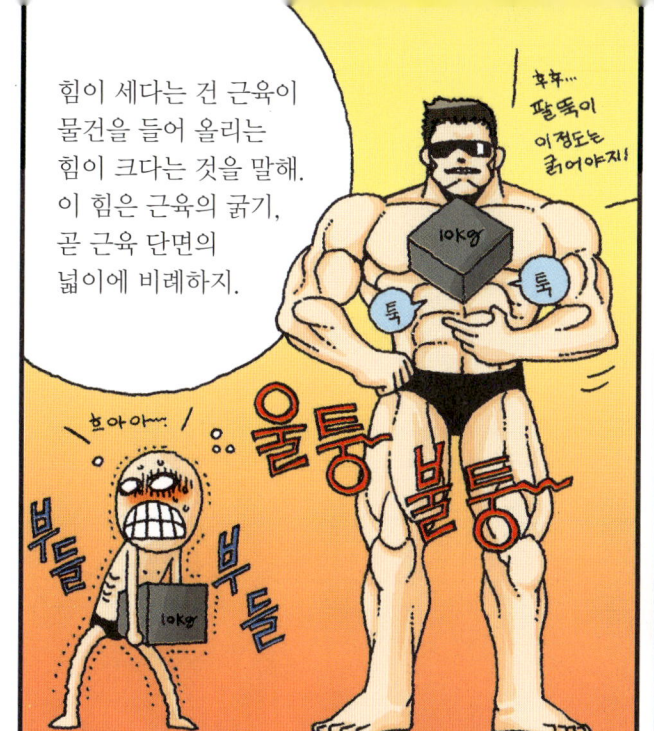

힘이 세다는 건 근육이 물건을 들어 올리는 힘이 크다는 것을 말해. 이 힘은 근육의 굵기, 곧 근육 단면의 넓이에 비례하지.

키가 1m인 동물과 2m인 동물을 예로 들어, 키가 두 배 차이 나면 근육 단면적은 네 배, 체중은 여덟 배 차이가 나게 돼.

그런데 2m인 동물은 체중이 여덟 배 더 나가는 데 비해 근육의 단면적은 네 배 증가했기 때문에, 1m인 동물과 힘은 겨우 두 배 차이가 나는 거야.

이렇게 체중과 근육의 힘이 증가하는 비율이 다르기 때문에, 개미나 쇠똥구리 같은 곤충은 자기 체중의 30배에서 40배까지 되는 무거운 짐을 끌 수 있는 거야.

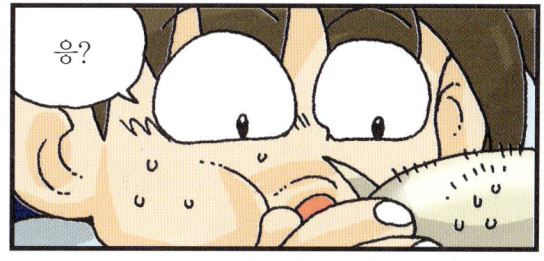

막강한 힘을 가진 곤충

개미는 자기 체중의 50배나 되는 무거운 돌을 들 수 있고, 딱정벌레는 제 몸무게의 300배나 되는 짐을 끌 수 있는 힘을 자랑합니다. 곤충들이 이렇게 놀라운 힘을 발휘하는 비밀은 무엇일까요? 결론부터 말하면 그것은 체중과 근육의 힘이 증가하는 비율이 다르기 때문입니다. 힘이 세다는 것은 근육이 물건을 들어 올리는 힘이 크다는 뜻이고, 힘은 근육의 단면적(근육 단면의 넓이)에 비례합니다. 예를 들어 키가 10배로 크면 부피와 체중은 1,000배로 늘게 됩니다. 하지만 단면적(힘)은 100배에 그칩니다. 몸집은 커졌지만 근육의 부담은 100분의 1,000, 곧 10배 늘어난 셈입니다. 반대로 키가 10분의 1로 줄게 되면 체중은 1,000분의 1로 줄지만, 근육의 힘은 100분의 1밖에 줄지 않습니다. 상대적으로 근육의 힘이 10배 강해진 셈입니다. 이렇게 체중과 근육의 힘이 증가하는 비율이 다르므로 곤충은 작은 체구에도 불구하고 자기 체중의 수십 배에 달하는 무거운 짐을 끌 수 있지만 사람은 자기 체중의 0.9배의 짐밖에 들어 올릴 수 없습니다. 이와 같이 어떤 생명체를 그대로 확대하거나 혹은 축소할 때 벌어지는 현상을 '크기 효과(size effect)'라고 합니다. 자기 몸집에 비해 엄청난 힘을 자랑하는 곤충들의 능력은 바로 이 크기 효과로 설명할 수 있습니다.

동물들의 공생 관계

서로 다른 두 생물이 특별한 해(害)를 주고받지 않는 상태에서 접촉하면서 같이 살아가는 생활 양식을 공생(共生)이라고 합니다. 공생은 쌍방이 모두 이익을 주고받는 상리 공생(相利共生)과 한쪽만 이익을 보는 편리 공생(片利共生)으로 나뉩니다. 상리 공생의 예로는 진딧물과 개미, 악어와 악어새(악어 이빨에 있는 찌꺼기를 먹음)를 들 수 있고, 편리 공생의 예로는 말미잘의 촉수에 숨는 흰동가리, 대합의 외투막 안에 사는 대합속살이게 등이 있습니다. 이와 달리 한쪽은 이익을 보지만 다른 쪽은 해를 입는 관계는 기생(寄生)이라고 합니다.

말미잘의 촉수 사이에 숨어 있는 흰동가리(아네모네피시)
말미잘의 촉수에는 독이 있어서 다른 어류들이 접근하지 못한다.

감로를 받아 먹는 개미 진딧물은 식물의 즙액을 먹는데, 즙액의 과다한 탄수화물을 당분으로 배출한다. 이것이 감로(甘露)이다.

커뮤니케이션의 수단, 페로몬

페로몬(pheromone)은 몸 밖으로 분비된 뒤에 같은 종류의 다른 개체에 받아들여져 일정한 행동의 변화나 특이한 반응을 유발하는 물질입니다. 페로몬은 곤충부터 어류, 포유류, 심지어 인간에 이르기까지 일종의 커뮤니케이션 수단으로 사용되고 있습니다.

페로몬의 종류

길잡이 페로몬

개미나 벌처럼 군집 생활을 하는 곤충에게서 많이 사용됩니다. 개미는 먹이를 찾으러 가는 길에 페로몬을 분비하여 구성원들이 먹이를 찾을 수 있도록 합니다. 다른 말로 도표(道標) 페로몬이라고도 합니다.

길잡이 페로몬을 따라 먹이를 찾아가는 개미 떼

경보 페로몬

페로몬은 위험 신호를 알리는 데도 사용됩니다. 진딧물은 적의 공격을 받으면 경보 페로몬을 분비하는데, 배에서 끈적한 물질을 내보내면 이 냄새를 맡은 다른 진딧물들이 적의 공격을 알아채고 황급히 나뭇가지에서 떨어져 대피할 수 있습니다.

성페로몬

암컷과 수컷을 이어 주는 페로몬으로, 곤충뿐만 아니라 포유류와 사람의 성적 발달에도 영향을 줍니다. 다른 페로몬보다 오래가며 암컷 나방의 경우 성페로몬을 뿌리면 한 방울만으로도 약 1~5km 떨어진 곳에 있는 수컷 나방이 모여듭니다.

생리적 변화를 일으키는 페로몬

페로몬은 행동뿐만 아니라 생리적 변화도 유발하는데, 여왕 꿀벌이 다른 개체의 생식 능력을 억제하기 위해 만들어 내는 계급 분화 페로몬이나 생쥐의 수컷이 암컷의 발정을 촉진하기 위해 분비하는 물질이 여기에 포함됩니다.

조직 사회를 이루는 개미들

여왕개미와 일개미들

개미는 벌목 개미과에 속하는 곤충으로 전 세계에 약 1만 종이 기록되어 있습니다. 개미는 '군집(colony)'이라고 불리는 고도의 조직 사회를 구성하여 구성원들 상호 간에 먹이, 휴식, 생식 등 집단에 필요한 활동을 하는 사회 구조를 이루고 있습니다. 개미 집단의 가장 큰 특징은 여왕개미, 수개미, 일개미(병정개미)로 계급 사회를 이룬다는 점입니다. 개미 사회를 구성하는 대부분은 짝짓기할 수 없는 암컷 일개미로 날개가 없고, 집단의 음식을 찾는 일, 어린 개미를 기르는 일, 다른 곤충 무리로부터 집단을 보호하는 일 등을 수행합니다. 여왕개미는 집단에서 교미할 수 있는 유일한 암컷으로, 교미 후 날개를 떼어 버리고 알을 낳으며 집단을 통솔합니다. 수개미는 하는 일 없이 놀고먹다가 여왕개미와 결혼 비행을 한 뒤 죽습니다.

개미의 형태

개미도 다른 곤충처럼 머리·가슴·배로 구성된 몸체를 가지고 있습니다. 대부분의 개미들은 2~10mm의 크기이지만, 아주 작은 개미는 0.7mm, 반대로 아주 큰 것은 거의 3cm에 달합니다. 머리의 형태는 종에 따라 매우 다양하며, 큰턱은 물건을 씹거나 들기에 적합하게 발달했습니다.

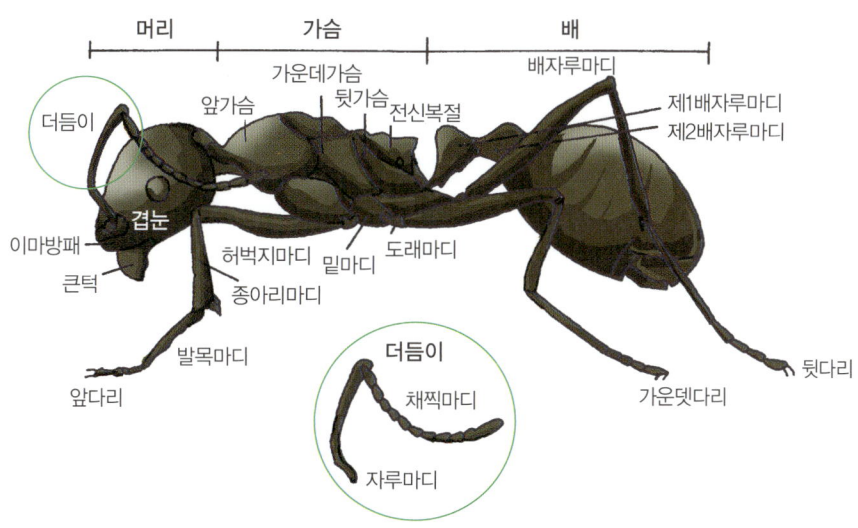

산딸기 발견

비슷한 듯 다른 나비와 나방

나비와 나방은 모양도 비슷하고 날개에 날개 가루가 있으며 같은 나비목에 속하는 곤충입니다. 하지만 생김새를 비교해 보면 나비와 나방의 차이점은 확연히 드러납니다. 나비는 나방과 비교하면 몸통이 날씬하고 곤봉처럼 끝이 굵은 더듬이를 갖고 있는 데 비해, 나방은 통통한 몸매에 빗살 모양이나 깃털 모양의 더듬이가 특징입니다. 나비는 화려한 자태를 뽐내며 낮에 활동하지만, 나방은 낮에는 자고 밤에 불빛을 따라다니며 활동하는 야행성 곤충입니다. 나방의 천적인 새가 밤눈이 어두워서 나방은 새의 눈을 피해 주로 밤에 활동하는 것입니다. 햇볕을 좋아하는 나비는 날개를 세워서 접고 앉고, 날아갈 때는 날개를 펴서 햇볕을 쬡니다. 이렇게 몸을 따뜻하게 해야 날개를 움직일 수 있기 때문입니다. 나비의 날개에는 비늘 가루가 덮여 있어서 비가 와도 젖지 않습니다. 나방은 앉을 때 날개를 지붕 모양으로 쭉 펴고 앉으며, 주로 밤에 활동하기 때문에 태양열을 이용할 수 없습니다. 그래서 날기 전에 제 몸을 흔들어 체온을 높여서 날개를 움직여야 합니다.

나비

주행성

곤봉 모양 더듬이

날개를 접고 앉음

나방

야행성

빗살 모양 더듬이

날개를 펴고 앉음

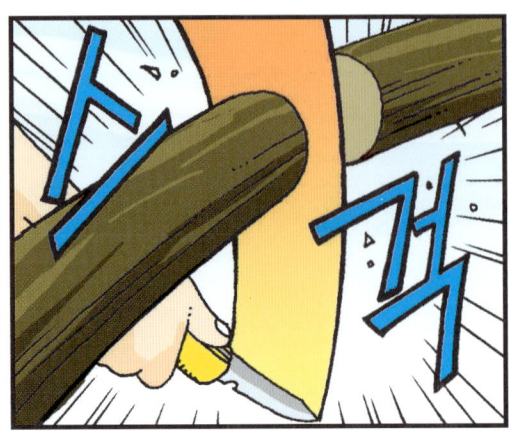

거미는 곤충이 아니에요!

흔히 거미를 곤충으로 잘못 알고 있는데, 거미는 곤충이 아닙니다. 거미는 분류학상 절지동물문 거미강에 속하지만, 곤충은 절지동물문 곤충강에 속합니다. 거미를 자세히 살펴보면 곤충의 조건과 모두 어긋나 있음을 알 수 있습니다. 우선 곤충의 몸은 머리·가슴·배, 세 부분으로 나뉘는데, 거미는 머리가슴과 배, 두 부분으로 나뉩니다. 또 곤충은 다리가 세 쌍인데 거미는 네 쌍이고, 곤충은 두 개의 겹눈과 세 개의 홑눈을 가지고 있는데 거미는 겹눈이 없고 홑눈만 있습니다. 또한, 거미는 날개가 없고, 모든 곤충이 가지고 있는 더듬이가 없는 대신 더듬이 다리가 있습니다.

황금색 집을 짓는 무당거미

거미목 왕거미과에 속하는 무당거미류는 노란색의 커다란 원형 거미집을 짓고 사는데, 거미집의 지름은 큰 것이 1m 이상이며, 나무 사이에 매달려 있습니다. 암컷의 크기가 25~50mm인데 비해, 수컷은 6~10mm로 매우 작습니다. 왜소한 수컷은 스스로 집을 짓지 않고 암컷 집에서 더부살이하는데, 때때로 암컷과 교미하려다 잡아먹히기도 합니다.

황금색 거미줄로 집을 짓는 무당거미

간다!

으악, 빗나갔어!

나도 가만있을 수 없지!

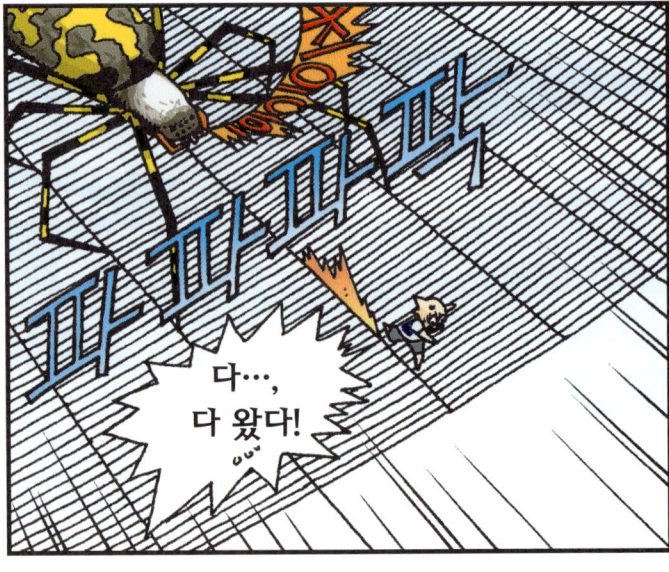

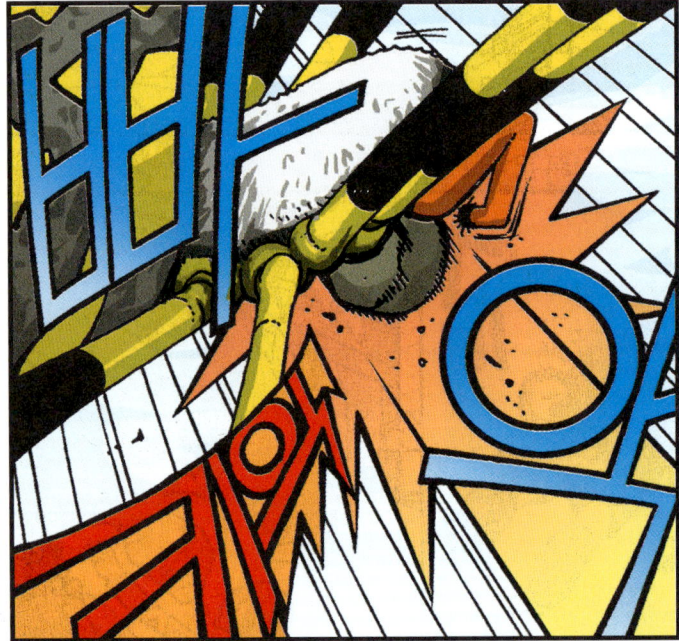

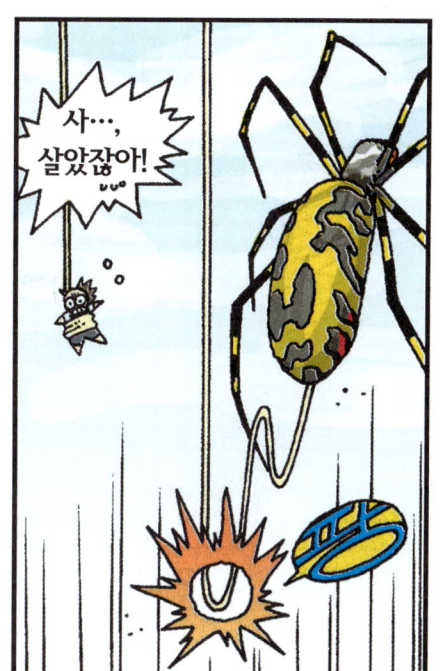

거미줄을 어떻게 만들까?

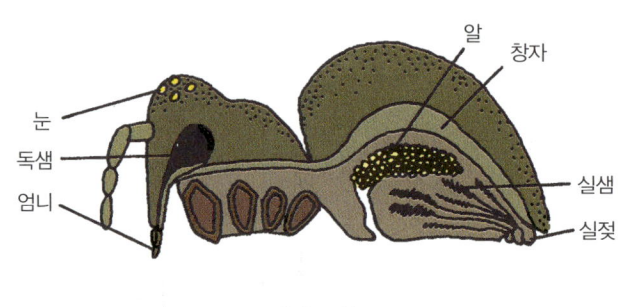

거미 모식도

거미의 배 끝에는 세 쌍의 거미줄돌기(실젖)가 있는데 돌기의 끝은 몸속의 실샘과 연결된 수백 개의 실관으로 이어져 있습니다. 보통 거미는 1,000~2,000개의 실관을 가지고 있습니다. 실샘에서 만들어진 끈적한 액체가 실관을 지나 거미줄돌기로 나오면서 굳어져 거미줄이 되는 것입니다. 거미는 흐트러진 거미줄을 먹어 치워 재활용하기도 하는데, 왕거미는 매일 체중의 10%에 이르는 거미줄을 만들 수 있습니다. 거미는 먹이를 먹은 뒤 20분이 지나면 거미줄에 필요한 단백질을 합성할 수 있는데, 그 비결은 거미가 먹이의 몸속에 소화 효소를 주입해 완전히 녹여서 액체 상태로 빨아 먹기 때문입니다.

거미줄의 특성

거미줄은 자연계에 존재하는 가장 탄탄한 천연 섬유로, 동일한 굵기의 강철선보다 단단합니다. 또 거미줄은 탄력이 매우 좋아 원래 길이의 130%까지 늘어날 수 있어 커다란 사냥감이 걸려도 끄떡없습니다. 거미줄은 최대 1,000배의 무게까지도 지탱할 수 있는데, 그 비밀은 가는 줄이 여러 겹 꼬여 있는 구조에 있습니다.

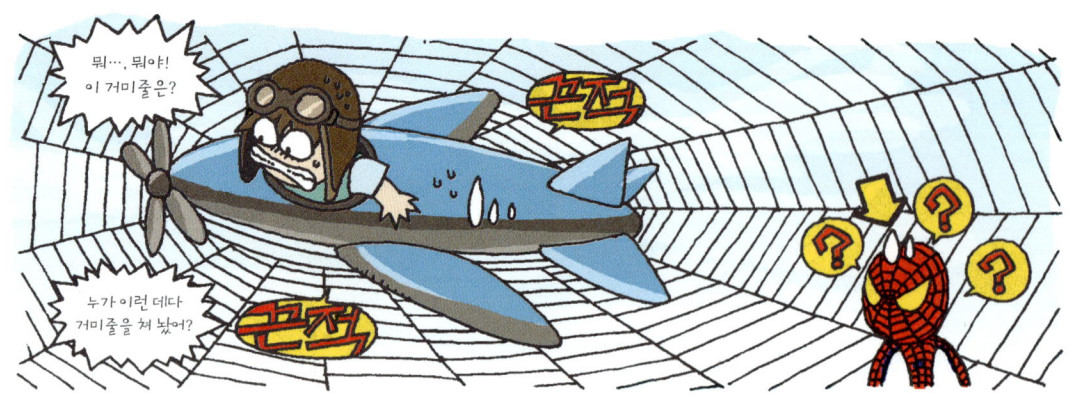

한국의 거미

거미는 전 세계에 약 3만 종이 있으며, 우리나라에는 대략 600여 종이 서식하고 있습니다. 그 가운데 접시거미·꼬마거미·왕거미 무리처럼 그물을 치고 사는 정주성 거미들이 330종을 차지합니다. 늑대거미·염낭거미·깡충거미 무리처럼 그물을 치지 않고 떠돌이로 사는 배회성 거미가 272종 가량 되며, 땅속에 사는 거미들도 있습니다.

늑대거미 새끼 늑대거미가 다 자랄 때까지 등에 업고 다닌다.

염낭거미 잎을 말아 염낭(두루주머니) 모양 알 자리를 만들어 알을 지킨다.

깡충거미 깡충깡충 뛴다 하여 붙은 이름으로, 시력이 좋은 편이고 낮에 활동한다.

거미집의 종류

거미집은 먹이를 잡아 보관하며, 알을 보호하고, 어린 거미를 키우거나 이동할 때 이용됩니다. 거미집의 모양은 종마다 독특해서 불규칙한 모양부터 둥근 모양까지 매우 다양하며, 둥근 모양이 가장 진화된 형태입니다. 왕거미·무당거미·호랑거미 등이 둥근 모양, 대륙접시거미가 접시 모양, 애풀거미·들풀거미·가게거미 등이 깔때기 모양, 꼬리거미가 줄 모양, 꼬마거미·유령거미 등이 불규칙한 모양의 거미집을 만듭니다.

가장 일반적인 둥근 모양의 거미집

들풀거미가 암석 틈이나 썩은 나무 틈에 짓는 거미집

타란툴라의 깔때기 모양의 거미집

꼬마거미의 불규칙한 모양의 거미집

★개미귀신의 평균 크기는 어른의 손톱만 합니다. 따라서 2cm 내외로 줄어든 아이들과 비슷한 크기인데, 만화적 재미를 위해서 크기를 조금 키웠습니다. 그리고 개미지옥의 크기도 비례해서 과장하였습니다.

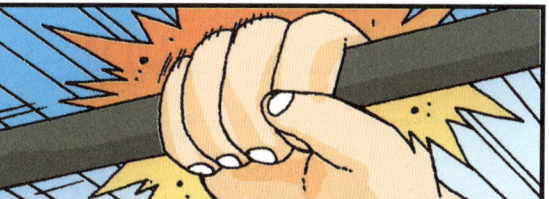

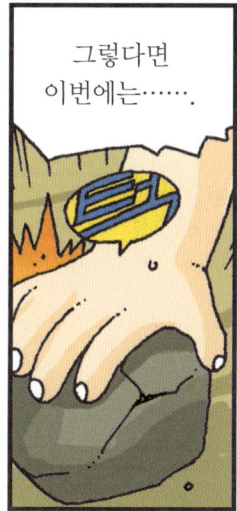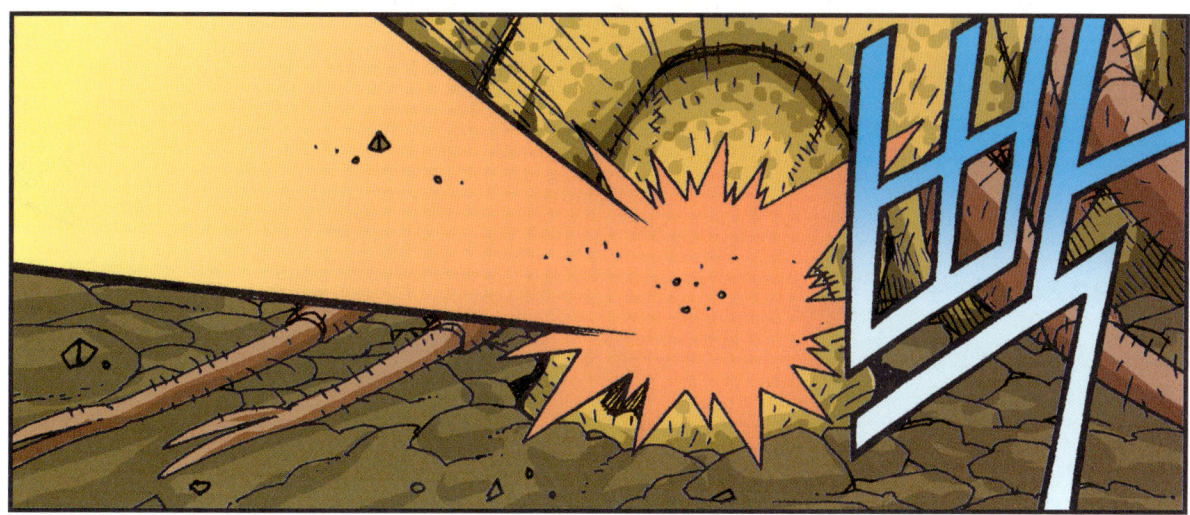

나이스! 구덩이 속으로 도망간다.

누리야, 이 틈에 창으로 찍으면서 빨리 올라와!

으... 응! 형.

저놈이 다시 나오기 전에 서둘러!

난폭한 사냥꾼, 개미귀신!

명주잠자리의 애벌레인 개미귀신은 모래 속에 '개미지옥' 이라고 불리는 깔때기 모양의 구덩이를 파 놓고 삽니다. 만약 지나가던 개미가 이곳에 발을 헛디딘다면 살아날 확률은 거의 없습니다. 놀란 개미가 벗어나려고 허우적거릴수록 입자가 고운 모래와 흙은 아래로 미끄러지기 때문에 개미는 점점 더 모래 함정으로 빠지게 됩니다. 개미귀신은 미세한 진동으로 먹이를 감지하면 쉴 새 없이 모래를 퍼부어 개미를 기어이 제 구덩이 속으로 떨어뜨립니다. 그리고 큰턱으로 개미를 물고서 마취제를 주입하고는 마치 주스를 마시듯, 개미의 체액을 쭉 빨아 먹습니다. 그런 다음 껍데기만 남은 개미 속에 입에서 배출한 자신의 배설물을 담아 구덩이 밖으로 던져 버립니다. 개미귀신은 천적으로부터 자신을 보호하기 위해 집 안에 배설물이 쌓이지 않게 하려고 항문까지 퇴화했습니다. 개미귀신의 주된 먹이는 개미이지만 먼지벌레나 노린재, 거미, 나방의 유충도 개미지옥에 빠지면 영락없이 개미귀신의 밥이 돼 버립니다.

명주잠자리의 애벌레, 개미귀신 개미귀신은 깔때기 모양의 구덩이 속에서 숨어 있다가 개미가 떨어지면 마취제를 주입한 뒤에 체액을 빨아 마신다.

개미지옥은 어떻게 만들까?

개미지옥 가운데 움푹 팬 부분이 개미지옥이다.

개미귀신은 집을 얼마나 잘 짓느냐가 생존의 관건이 됩니다. 개미귀신은 특이하게도 뒤로만 갈 수 있어서 궁둥이부터 흙으로 들어가며 구덩이를 만드는데, 궁둥이 끝을 삽처럼 사용해 몸 크기에 맞춰서 빙글빙글 돌며 구멍을 팝니다. 그런 다음 머리를 흔들어 흙을 구덩이 밖으로 튕겨 내는데, 이때 입자가 큰 흙은 구덩이 밖으로 떨어지고 입자가 작고 부드러운 흙은 구멍 안에 떨어져 구덩이가 쉽게 무너지도록 합니다. 이것은 먹잇감이 쉽게 빠져나가지 못 하게 하기 위해서입니다.

개미귀신, 명주잠자리가 되어 날아오르다!

모래밭에서 1~2년에 걸쳐 애벌레로 지내던 명주잠자리가 세상에 모습을 드러냅니다. 완전히 성장한 개미귀신이 퇴화한 항문을 열고 실을 토해 내기 시작하면, 실에 모래가 달라붙어 모래 경단이 만들어집니다. 개미귀신은 이 속에서 고치를 만들고 번데기가 된 뒤에, 다시 명주잠자리로 태어납니다. 명주잠자리는 풀이나 나무 위로 올라가 날개돋이를 한 다음 배설물을 배출합니다.

명주잠자리 야행성이라 저녁 무렵부터 작은 벌레들을 잡아먹기 위해 풀숲을 날아다닌다.

목숨을 건 사투

작가 후기

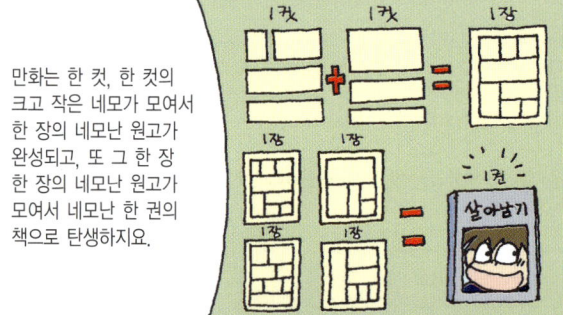

5분 후 의외의 결말 시리즈

앗, 하는 사이에 읽어서 앗, 하고 놀라는 결말

일본 시리즈 합계 **440만부** 판매 돌파!

「고민 해결부」 ① 결성과 그 결말

『5분 후 의외의 결말』

   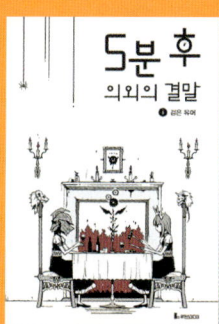 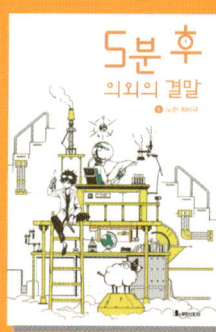

① 붉은 악몽　　② 푸른 미스터리　　③ 백색 공포　　④ 검은 유머　　⑤ 노란 희비극

『5분 후 의외의 결말 ex』 　『5초 후 의외의 결말』 　『5분 후 의외의 눈물』

  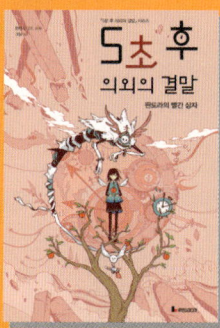 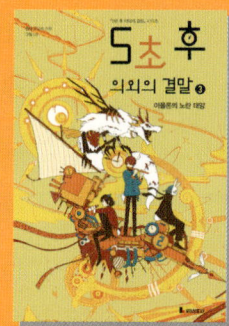 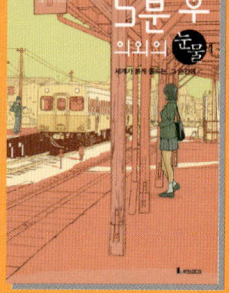

① 오렌지빛으로 불타는 주문
③ 가시가 있는 장밋빛 인생
⑤ 아쿠아마린에서 쏟아지는 눈물
② 에메랄드로 빛나는 풍경
④ 초콜릿색의 쓰디쓴 엔딩
⑥ 백은의 세계에서 소멸되는 기억

① 판도라의 빨간 상자
③ 아폴론의 노란 태양
② 미노타우로스의 푸른 미궁

① 세계가 붉게 물드는, 그 순간에
② 푸른 별의 자그마한 사건

『고민 해결부』
① 결성과 그 결말　② 영광과 그 자만　③ 초조와 그 암약　④ 성장과 그 긴장(예정)　⑤ 평화와 그 한계(예정)　⑥ 부활과 그 증명(예정)

코믹컴 전화 | 031)912-4292 팩스 | 031)912-4294 루덴스미디어(주) http://www.ludensmedia.co.kr

서바이벌 만화 생태상식

(전 10권)

돌연변이의 공격은 아직 끝나지 않았다!
목숨을 건 쫓고 쫓기는 추격전이 펼쳐진다!

글 코믹컴 | 그림 네모 | 올컬러

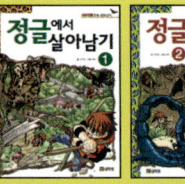
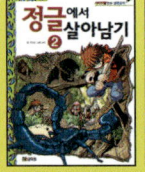

정글에서 살아남기 전 10권 세트

서바이벌 만화 문명상식

(전 8권)

국내 누적 판매 100만 부!
코믹 무장 문명 서바이벌!

글 코믹컴 | 그림 문정후 | 올컬러

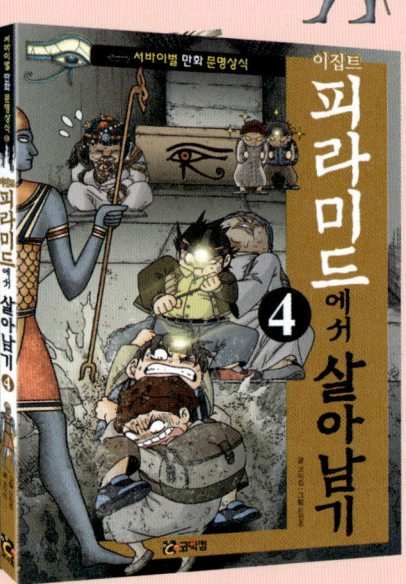

코믹컴 전화 031)912-4292 팩스 031)912-4294 루덴스미디어(주) http://www.ludensmedia.co.kr